AF586814

COMMENT, AU XIIe SIÈCLE,

LE COMTE DE TOULOUSE ET LE COMTE DE FOIX

DONNÈRENT SATISFACTION

AUX ABBAYES QU'ILS AVAIENT DÉPOUILLÉES.

QUELQUES MOTS SUR SAINT ANTONIN, MARTYR,

PAR

M. Alphonse COUGET,

Membre résidant.

Un des plus grands charmes que procurent les recherches historiques et archéologiques, c'est, à notre avis, celui des rapprochements. Naguère, nous en renouvelions l'expérience lorsque, après avoir, dans des circonstances particulières (1), étudié le passé de Pamiers, la ville épiscopale de l'Ariége, nous parcourions encore une fois les intéressants travaux de notre savant secrétaire général, M. Devals, sur les antiquités de Montauban. C'est

(1) *Revue de Toulouse,* août 1868.

ainsi qu'un épisode, pris dans l'histoire de chacune de ces villes, s'offrait à nous avec des analogies attachantes et qui n'ont pas lieu de surprendre, quand on sait qu'il existe entre les deux cités une similitude d'origine et des ressemblances frappantes dans leurs destinées à travers le Moyen-Age.

Si l'on remonte, en effet, à l'époque la plus reculée, on les voit exister l'une et l'autre longtemps avant l'entrée des Romains dans les Gaules, alors que les deux contrées étaient habitées, sous des noms divers, par des tribus de Volces-Tectosages. Chacune d'elles devint le centre d'une station romaine : L'ancien oppidum des Tascons s'appela *Mons-Aureolus* ; la cité des bords de l'Ariége, l'ancienne Frédélas, *villa Fredelasci* (ville des lacs froids), se nomma *Castrum Appamiœ* ou *Appamiarum*, Pamiers. Pour celle-ci au VIe siècle, pour la précédente au IXe, avec la fondation d'une abbaye, s'ouvre une ère nouvelle. Saint Théodard, fils du fondateur du monastère qui s'éleva à Montauriol (820), dominant une immense et fertile plaine, lui donna son nom ; le couvent d'Augustins qu'établit à Frédélas Antonin, fils du prince Frédéric, et que le martyr devait entourer de l'auréole des saints, fut placé sous son vocable : ce fut l'abbaye du Mas-Saint-Antonin. Toutes les deux devinrent très-puissantes, et les agglomérations qui se formèrent autour d'elles furent désignées par leur antique nom, concurremment avec la dénomination des abbayes : *Mons-aureolus et villa Sancti-Audardi ; Castrum Appamiarum, Sancti-Antonini Abbatia et Villa.*

Elles virent, ces deux villes abbatiales, et c'est entre elles un nouveau trait de ressemblance, l'autorité épiscopale passer aux mains de leurs derniers abbés.

En 1255, Pierre de Bermond, qui gouvernait alors l'abbaye de Montauriol, avait obtenu du Souverain-Pontife Alexandre IV le privilége de porter les insignes épiscopaux, la mître, la crosse et les gants. Le successeur de Clément V, Jean XXII, créa un nouveau diocèse (1317) à la tête duquel il plaça Bernard Dupuy, qui occupait le siége abbatial de Saint-Théodard depuis l'an 1308.

A Pamiers, la transition entre les deux régimes s'opéra en la personne de Bernard Saisset, le plus vaillant athlète de la papauté au XIIIe siècle, et qu'ont rendu célèbre les démêlés de Philippe-le-Bel et de Boniface VIII, auxquels il prit une part mémorable en sa qualité de légat du pape. Une bulle, datée des calendes du mois d'août 1295, érigea en évêché l'abbaye de Frédélas ou de Saint-Antonin de Pamiers, « dans cette ville noble, importante et ren-« fermant de nombreux établissements religieux. *Locum utiquè « nobilem multisque commoditatibus prœditum, ad Dei laudem et « gloriam, exaltationem catholicœ fidei et divini cultûs augmentum.* »

A cette époque si troublée de la féodalité, les deux cités traversèrent, comme bien d'autres, de tumultueuses vicissitudes, et il est curieux de voir se dessiner et s'établir le fonctionnement de leurs institutions municipales, tantôt aidé, tantôt entravé tour à tour par les abbés et par les comtes, mais accusant chez l'une et chez l'autre un grand amour pour les franchises locales. Elles subirent toutes les deux le contre-coup d'une lutte à outrance entre les abbés et les seigneurs, lutte que soutinrent victorieusement ces derniers en joignant d'habitude l'astuce à la violence, puis elles virent l'organisation féodale s'effacer à son tour devant le pouvoir royal, et, après avoir profité du grand mouvement communal des XIe et XIIe siècles, elles finirent par prendre chacune leur rang sous la même loi centralisatrice.

I.

On sait comment, dans la première moitié du XIIe siècle, l'ancienne ville de Montauriol, plus tard Montauban, s'affranchit de la suzeraineté abbatiale et se transplanta, pour ainsi dire, sur le sol à elle inféodé par le comte de Toulouse. Cette séparation était définitivement effectuée à l'époque de la grande charte communale de 1195.

Le comte Alphonse Jourdain, qui n'en était pas à son coup d'essai, car il avait déjà expulsé les moines de l'abbaye de Saint-

Gilles en 1122, nonobstant une double sentence d'excommunication, ne craignit pas de dépouiller, par les moyens les plus tortueux, les abbés de Saint-Théodard de leurs antiques droits sur Montauriol. On le voit, le 6 octobre 1144, consentir à l'abbaye, en la personne d'Albert II, étant présents le viguier Pons de Saint-Michel, le chevalier Bernard-Raymond, ainsi qu'un délégué de Montauriol, une fallacieuse donation de terres situées au confluent du Tarn et de l'Aveyron ; puis, sous prétexte de répondre au vœu des habitants de Montauriol qui s'étaient séparés de l'abbaye, il leur fit cession des alleus de Cantaloube et de Capdolent, au mépris de l'acquisition que l'abbé en avait faite récemment, s'imaginant avoir ainsi donné une compensation anticipée à ceux qu'il dépouillait avec tant d'audace ! Cette singulière concession du domaine d'autrui avait pour but d'attirer les gens de Montauriol autour du château bâti par le comte sur les bords du Tarn. Ce stratagême réussit à Alphonse Jourdain, et ainsi commença la nouvelle ville qui, par opposition à *Mons-Aureolus* (Mont-Jaune), prit le nom de l'éminence sur laquelle elle s'éleva, *Mons-Albanus* (Mont-Blanchâtre) (1) :

« *Lo dit comte d'Amphos fec bastir la vila de Montalban* (2). »

En même temps, aux transfuges devenus ses vassaux, Alphonse octroya une charte d'inféodation qui est l'un des plus intéressants documents de l'histoire locale à cette époque. Bientôt, à la tête de ses routiers et faisant succéder la violence à la ruse, il tourna ses armes contre l'abbaye, assaillit le monastère et en chassa les moines, « *Abbatem ipsum et monachos, velut exules ire compellit,* » dirigeant contre eux des menaces de mort : « *Videlicet pœnam et mortem minatur.* »

C'était plus qu'une spoliation, c'était un sacrilége ; et, sur les doléances de l'abbé, le pape Eugène III, avant de lancer contre

(1) M. Devals, *Histoire de Montauban,* t. I, p. .

(2) *Histoire annotée de Languedoc,* t. IV.

Alphonse une troisième excommunication, adressa à l'archevêque de Narbonne et à l'évêque de Toulouse une bulle qui chargeait ces deux prélats de transmettre au comte ses injonctions de rendre ce qu'il avait usurpé. Faute par celui-ci d'y obtempérer, il subirait les condamnations ecclésiastiques ; « et si, au lieu de s'amen-« der, il persiste dans sa malice, nous ne pourrons, *dit la bulle*, « nous empêcher d'étendre sur sa personne les mains vengeresses « du bienheureux Pierre et les nôtres « *Si verò nec sic resipuerit* « *et in eâdem malitià perseverare præsumpserit, dissimulare non* « *poterimus quin Petri manus et nostras, in personam ipsius exten-* « *damus* » (23 juin 1145.)

Peut-être, à l'instar des spoliateurs endurcis, Alphonse-Jourdain aurait-il bravé les foudres du Saint-Siége, si un évènement, fertile pour d'autres aussi en résipiscences de cette nature, n'était venu rappeler le comte à des sentiments meilleurs. Obéissant à l'entraînement universel, Alphonse résolut de se croiser et de partir pour la Terre-Sainte ; mais il devait auparavant céder au cri de sa conscience et ne plus rester sourd aux justes réclamations d'Albert II. Aussi, dans un testament fait en présence de Bernard, prévôt de Saint-Etienne de Toulouse, de Bernard d'Uzès et de Ricard de l'Isle, il *rend* et *donne* (reddo et dono) à l'abbaye : *la moitié de la seigneurie de Montauban et de Villemade*, celle-ci située entre le bourg actuel de ce nom et la rive droite du Tarn, *ainsi que les églises que ces deux villes renferment*. Il affranchit en outre le monastère de *tout service féodal envers lui et ses successeurs*...

Il ne saurait convenir à notre cadre de signaler la contradiction qui existe entre cet acte et certaines clauses de la donation du 6 octobre 1144, ni de faire remarquer l'insuffisance de la restitution qu'il opérait, et combien était incomplète l'obéissance de son auteur aux ordres du Souverain-Pontife. Ce fut seulement en 1149, en vertu d'une charte du 6 mai, que l'abbaye put se considérer comme désintéressée des spoliations et rapines perpétrées par Alphonse-Jourdain. Ce dernier ayant péri par accident en Palestine, avait eu pour successeur Raymond V, qui, « pour gagner la

« bienveillance de ses principaux vassaux et pour un bien de « paix, » tint une assemblée à Béziers dans laquelle, reproduisant l'acte de donation du mois de juillet 1147, il compléta la restitution entreprise par son père par l'addition des dispositions suivantes (1) :

..... « Quant aux terres que l'abbé possédait avant la construction de Montauban, en dehors du périmètre et de la clôture de cette ville, je les *donne* et je les *cède intégralement* à « l'abbé et aux religieux de ce monastère ;

« Je consens et je veux que ceux qui habitent dans ladite ville « et qui tenaient des terres de ce monastère et de l'abbé, en rendent des services à ces dernier, suivant l'usage des terres ;

« Je consens, en outre, que les hommes que l'abbé aura attirés « ou qui seront allés habiter dans la vieille ville, soient affranchis « et exempts de tout service envers moi pendant quinze années....

Nous citerons aussi le préambule et la partie finale de cette transaction, parce que nous pourrons les comparer au texte qui sera reproduit dans le paragraphe suivant, et voir quelle conformité de style présidait à la rédaction de ces actes. Cette convention commençait ainsi :

« Au nom du seigneur comte de Toulouse, duc de Narbonne « et marquis de Provence, pour moi et pour tous les miens, de « bonne foi et sans fraude, *je donne* et je concède, j'abandonne et « *je rends* maintenant et pour toujours, à vous Amiel (le successeur d'Albert II), abbé dudit lieu, ainsi qu'à tous les religieux « présents et futurs de ce monastère... »

... A la suite des stipulations figuraient les noms des garants ou fidéjusseurs, ceux des témoins instrumentaires, puis venait la clôture de l'acte :

« Facta carta, mense madio, feriâ VI, regnante Lodoyco rege, « anno ab incarnatione Domini millesimo centesimo quadragesimo « nono.

Poncius Vitalis, scriba comitis, scripsit.

(1) Traduction de M. Devals.

Ainsi furent apaisés les vieux différends de l'abbaye de Saint-Théodard et du comte de Toulouse.

II.

Dans le cours de ce même siècle, Pamiers avait été le théâtre d'évènements semblables à ceux qui se passaient à Montauban. Ils étaient la conséquence des conditions analogues où se trouvèrent placées l'abbaye de Saint-Théodard et celle de Saint-Antonin de Frédélas vis-à-vis des comtes. Les convoitises de ceux-ci étaient sans cesse excitées par la richesse de ces monastères, par le nombre de leurs vassaux, par la fertilité des territoires possédés par les moines et qu'ils aspiraient sans cesse à s'annexer. Aussi osèrent-ils usurper et détenir les biens des abbayes qu'ils pressuraient tyranniquement ensuite, jusqu'à ce que les Parlements lançassent des arrêts et que Rome fulminât contre eux ses anathèmes.

Ainsi firent les comtes de Foix, Roger-le-Vieux, Roger Ier, aïeul et oncle de Roger II, qui suivit leur exemple; plus tard encore, Roger-Bernard.

Mais le comte Roger II fut le premier à consentir solennellement la réparation et restitution des droits dont lui-même, à l'imitation des divers membres de sa famille, avait frustré le monastère de Saint-Antonin.

Ils avaient, en effet, entre autres spoliations, usurpé la moitié d'une immense forêt dite de Boulbonne, qu'ils ne tenaient qu'en fief de l'abbaye, ce qui avait singulièrement diminué les revenus de cette dernière. De plus, comme le comte de Toulouse à Montauban, ils s'étaient efforcés d'attirer à eux une partie des manants qui résidaient à l'ombre du monastère. Aussi les foudres du Saint-Siége ne firent-ils pas défaut aux spoliateurs, et Roger en subit sa large part. C'est pour échapper à leurs conséquences, encore plus redoutables à cette époque où les sentiments de foi étaient aussi vifs que les mœurs étaient rudes et violentes, que le comte n'hésita pas à s'accorder avec les moines. Il abdiqua entre les mains du prieur Ysarn tous les *usages injustes* qu'il exigeait, et restitua à l'abbaye les domaines que ni son oncle paternel ni lui, pas plus que les comtes de Foix et de Carcassonne, ses prédécesseurs, *n'avaient jamais possédés*...

Le texte de cet accord, intervenu en l'an 1112, et retrouvé dans les archives du château de Foix (1), nous a paru fort intéressant à cause du ton de repentance et d'humilité qui y règne et qui caractérise si bien ces temps où le droit du plus fort cédait le plus souvent devant l'autorité théocratique.

On y voit avec quelle componction le comte se reconnaît coupable des rapines commises au préjudice des abbés, et dont il n'entend rien retenir désormais *ni pour lui* ni *pour ses successeurs*. Quant aux *usages* et *services*, il demande qu'ils soient absolument abolis. Chose singulière, on trouve dans cette charte une sorte de substitution de personnes vis-à-vis des sentences de l'Église, consentie par celui-là même qui les avait encourues! Non-seulement, en effet, le comte *abandonne ses rapines*; mais il entend encore confirmer ses restitutions de telle sorte que le « joug de « l'excommunication qu'avaient fait peser sur lui deux papes, « retombe sur celui, quel qu'il soit, qui voudrait l'imiter dans « la violation des droits de l'abbaye, et qui, loin de s'amender, « s'opiniâtrerait dans l'injustice et l'impénitence. » Puis, après « avoir restitué, le comte « donne à Dieu et au saint martyr, à « tous les clercs et à tous ceux qui vivent dans le monastère de « Frédélas un demi-muid de froment, un muid de bon vin, une « vache belle et grasse, quatre porcs ou quatre sols par chaque « année pour la fête du très-glorieux martyr. »

Voici la teneur très-intelligible de cet acte, dont une traduction complète se serait vainement efforcée de reproduire l'expressive énergie et l'accent particulier qui y domine :

« In nomine Domini Nostri Jesu-Christi, ego Rogerius, Fuxensis « comes, recognosco et reddo me culpabilem et Dei mandatorum

(1) M. Ourgaud l'a publié avec d'autres pièces justificatives.

« violatorem, de violentiâ et rapacitate quam Rogerius, patruus « meus, et ego post eum, de villa Fredelasci et de abbatia Sancti- « Antonini usquè ad præsentem diem fecimus, quæ antecessoribus « nostris à comite videlicet Fuxi et Carcassonnæ, justè vel injustè « nunquàm ablata, vel possessa fuerunt. Ego propter mala omnia « quæ perpetravimus, ut miser et infelix vinculum excommuni- « cationis quod dominus Urbanus, papa secundus et ejus succes- « sor Paschalis prædicta mala mihi patienti imposuerunt, diù sus- « tinui ; quod ut à me voleam amovere, reddo et guerpio sinè « inganno (1), Domino Deo et Sancto-Antonino et abbatis futuris « canonicè electis, et Ysarno Priori, et successoribus suis, et cano- « nicis tam præsentibus quàm futuris, totam villam Fredelasci et « Castrum Appamiæ et omnem abbatiam Sancti-Antonini, sinè ullâ « retinentià, sinè omni revenentiâ, ad me... Relinquo etiam « omnes *usagios bonos et malos* quos usquè hodiè in villa Fre- « delasci, in Castro Appamiæ et in omni abbatiâ injustè tenue- « ram et habueram, ut sic ego et patruus meus Rogerius, *initium* « *doloris et rapinœ et principium pacis et concordiœ*, mali namquè « usagii non sunt recitandi, sed potiùs eradicandi et dissipandi...

... « Igitur, ad salvationem Ecclesiæ B. Antonini, reddo omnia « et sine inganno absolvo, et redditionem *tali convenientiâ firmo*, « quod si ego aut aliquis homo, vel aliqua femina hujus reddi- « tionis unquàam raptor vel violator exstiterit, secundo, tertiove « ab episcopo Tolosanus vel à clericis ecclesiæ prædicti martyris « admonitus, si ad dignam emendationem non venerit, et in per- « tinaciâ violationis suæ contumax permanserit, præfatus Episco- « pus de his omnibus adjutor et defensor maneat, et *idem excom-* « *municationis vinculum super eum imponat* quod dominus papa « Urbanus et Paschalis super me imposuerunt. Item, ego Roge- « rius prædictus, dono Domino Deo ac almo martyro præfato, « cunctisque clericis, devotè viventibus in ejusdem martyris Fre-

(1) Sans artifice, sincèrement; *inganno*, mot d'origine romane, existe encore en italien avec la même signification. — *Engannat,* dans le patois montalbanais, signifie de même *trompé, abusé.*

« delascenci monasterio, dimidium nitidi frumenti modium, ac « sani vini unum modium, pingnemque unam ac opinam vaccam, « atquè quatuor porchos vel qnatuor solidos in festivitate sæpe- « dicti gloriosissimi martyris, per unumquemque annum... »

. . . .

« ... Facta est hæc descriptio hujus cartæ, mense junio, die « dominicâ, anno ab incarnationem Domini millesimo centesimo « duodecimo anno, regnante Francorum rege Ludovico, aposto- « lante Domino Paschali papa. »

« Signum Rogerii comitis qui hanc cartam scribi mandavit et « firmavit, et *firmando propriis manibus et ore, super corpus beati Antonini Juravit.* — *Videntibus et audientibus*, etc. — Suivent les noms des témoins.

Cette amende honorable envers l'abbaye ne devait pas être la dernière qui était arrachée aux comtes, et l'on vit, plusieurs années après, Roger-Bernard abdiquer à son tour les prétentions exclusives qu'il affectait sur le château et la ville de Pamiers. Cet acte de réparation fut accompli avec la plus grande solennité, en présence du cardinal légat de Saint-Ange, entre les mains de l'abbé Maurin II, l'une des grandes figures de l'histoire appaméenne. Celui-ci comprit, toutefois, qu'il n'y avait qu'un moyen de se soustraire aux entreprises du comte son voisin : c'était de l'associer à sa propre suzeraineté, afin de s'assurer aussi le concours de ses armes pour résister dans l'occasion à l'ennemi commun. C'est pourquoi il concéda à Roger-Bernard le *paréage* et *commande*, c'est-à-dire la co-seigneurie de Pamiers, mais à la condition que le paréagiste s'engagerait par serment à ne jamais excéder les limites de son droit (1). L'abbé alla plus loin ; il y était autorisé par les preuves réitérées de la mauvaise foi des comtes : il exigea que Roger-Bernard prît pour répondants ou fidéjusseurs les consuls de la ville (consules fidejussores). Celui-ci y consentit, rendant ainsi hommage à l'élément municipal et démocratique, si fort en honneur

(1) Cartulaire abbatial, n° XXVII.

dans une cité qui toujours se montra des plus ardentes à défendre ses priviléges et à revendiquer ses franchises.

Cette garantie des consuls ne pouvait qu'être efficace, et les engagements pris par le co-seigneur furent désormais respectés.

III.

Nous avons dit comment nous avions été conduit à rapprocher deux époques choisies dans l'histoire de deux villes qui paraissent étrangères l'une à l'autre, et qui cependant ont entre elles quelques liens. Elles eurent, comme nous l'avons vu, un semblable berceau; les rivières qui baignent leurs murs sont tributaires du même fleuve, et, pendant les guerres des Anglais, l'on vit, dans plus d'une occasion, les comtes de Foix, seigneurs paréagistes de Pamiers, porter secours au comte de Toulouse, devenu seigneur de Montauban. Comme du temps de la Cour des Aides, d'où ressortissait Pamiers, elles font partie de la même circonscription judiciaire; les diocèses dont elles sont le siége dépendent du même métropolitain, et des membres de la famille de Verthamon ont, tour-à-tour, gouverné leurs églises. Enfin, le glorieux martyr Antonin, qui fonda au VIe siècle l'abbaye de Frédélas, n'a-t-il pas laissé, dans une contrée voisine de la nôtre, des souvenirs qui ont traversé les siècles?

On ne peut, en effet, contester aujourd'hui que le patron de Saint-Antonin du Rouergue n'ait été martyrisé à Pamiers, le 4 des nones de septembre (2 septembre) de l'an du Seigneur 506. C'est aussi celui que cette dernière ville révère, et dont elle célèbre tous les ans la fête avec une grande solennité.

Des actes authentiques découverts il y a quelques années dans les archives de Pamiers, grâce aux patientes recherches du regrettable docteur Ourgaud, ancien maire et membre de plusieurs Sociétés savantes, sont venus apporter la plus entière confirmation aux indications renfermées dans les Bréviaires de France et d'Espagne au sujet de ce saint, petit-fils de Théodoric Ier, roi de Toulouse, d'origine païenne par conséquent, et né l'an 446 de J.-C. La grâce divine fit de lui un fervent apôtre du christianisme, et l'attira vers Rome pour qu'il se perfectionnât dans la connaissance des vérités chrétiennes et s'initiât aux fonctions sacerdotales. A son retour dans les Gaules, il allait prêchant l'Evangile, et c'est ainsi qu'il porta ses pas dans la vallée de l'Aveyron sur le territoire du Rouergue (in territorio ruthenense). Là se trouvait une bourgade appelée *Val-Noble* où, malgré la rudesse d'une population encore idolâtre, il éleva des autels à Jésus-Christ et affermit son culte, convertissant à la vraie foi Festus, « lequel estait prince du pays, « qui sacrifioyt aux ydoles, mais, à la fin, par bons enseignements « et bonnes doctrines, fust converti et baptisé (1). »

Rentré a Frédélas (ou Pamiers), sa patrie, Antonin employa son opulent patrimoine à la fondation d'une abbaye qui porta son nom (500), et il la gouverna pendant six années, jusqu'au jour où, assailli par des Ariens exaltés, il fut immolé par eux, lorsqu'il traversait l'Ariége dans sa barque pour regagner son monastère. Ce martyre est attesté par plusieurs historiens et notamment par Vincent de Bauvais et par un autre saint Antonin, évêque de Florence, dans sa *Somme historiale*, lib. VIII, chap. 42.

Quant à l'identité du patron de l'ancien Val-Noble et de Frédélas, elle est incontestable, et la preuve en est consignée dans l'office que l'on célèbre en l'Église de Saint-Antonin du Rouergue et à Pamiers le jour de la fête du saint.

Une pieuse et poétique légende a consacré ce fait historique en racontant la manière miraculeuse dont la tête du martyr parvint à *Val-Noble*. Deux auteurs la rapportent ; nous choisissons le récit qu'en fait Boninus Montbricius dans sa *vie des Saints* (2).

« Quand le saint fut décapité, sa tête fut précipitée dans la rivière et placée par des anges dans une nacelle. C'est ainsi que, portée par les eaux, elle parvint dans le lit du Tarn et là, remontant le courant, elle entra dans l'Aveyron (*in Avarionis alveum*), toujours

(1) *Gestes Tolosains*, de Nicolas de Bertrandi, trad. par Guillaume Laperrière.
(2) T. I, chap. 33.

A. Sceau de l'Abbaye de Saint Antonin de Pamiers,
B. Sceau trouvé appendu à un cartulaire.
C. Vitrail provenant de Saint Antonin (*Tarn-&-Garonne*) collection de l'Abbé Vaissière.

conduite par des anges sous la forme de deux aigles blancs (*in similitudine duarum aquilarum nivearum*); la nacelle gagna le pays où régnait Festus, qui recueillit le *chef* du martyr et fit de sa maison une église en son honneur. « Cum ergò illud ad littus pervenisset : « Festus princeps, *admirans et quid esset per spiritum intelligens*, « caput sanctum devotè suscepit et habitationem suam à loco illo « removens, ecclesiamque dedicans, caput in eâ cum honore et « gratiarum actione posuit. »

Quoi qu'il en soit de cette légende, il existe aussi une relation authentique de la translation de la sainte relique dans l'église du monastère, solennité à laquelle assista saint Théodard lui-même (887) (1); l'abbaye qui devait au Xe siècle prendre le nom de ce dernier, dépendant alors de celle de Saint-Antonin. C'est dans ce lieu, comme nous l'apprennent les *Breviaria appamiarum* et *parisii*... que Pépin, le chef de la seconde race de nos rois, trouva cette relique (2), lorsqu'il allait guerroyer contre le roi d'Aquitaine. Aussi le couvent d'Augustins de Val-Noble avait-il pris le nom de Saint-Antonin pour le transmettre ensuite à la ville; et l'antique emblême abbatial représenta désormais une nacelle portant la tête du saint et *deux colombes* qui l'accompagnent.

On retrouve encore cette scène légendaire figurée dans les sculptures d'une des clefs de voûte de l'église paroissiale (3).

De son côté, dès le VIIIe siècle, l'abbaye de Frédélas (Pamiers) prit les mêmes signes emblématiques sur son sceau (scel ou sagel) que nous reproduisons : « ... in quo erat sculptæ imago navis, et

(1) Series et acta épisc. cadurc., par Guillaume de La Croix, p. 45.

(2) « *Qui prostratus coram altare ubi* CAPUT *S. Antonini custodiebatur.* » Voyez *Histoire annotée de Languedoc*, t. II, p. 593.

(3) Nous publions un fragment de vitrail paraissant de la fin du XVe siècle, qui provient d'une de ces maisons privées construites avec tant de soin et d'art. Il paraît que, dans cette petite ville, le souvenir de la légende miraculeuse était resté vivant, car le sujet en a été fréquemment reproduit; il est conforme ici au récit de Boninus Montbricius. Deux aigles et non point deux colombes sont placés aux extrémités de la barque, et semblent veiller sur les reliques du saint autant que conduire l'embarcation. Ce vitrail appartient à M. l'abbé Vaissière; un semblable est en la possession de M. Émile Pagès.

« in uno capite navis signum columbi, et in medio navis caput « hominis, sive imago capitis hominis. » Mais on y remarquait aussi le *bras gauche* du saint ; quant au *bras droit*, il était parvenu à Palentiâ, en Espagne, ville de Castille qui vénère encore, depuis des siècles, le même saint Antonin : « *Dexter humerus cum « bracchio, quæ magnâ cum veneratione asservantur*. » On lit à ce sujet dans le martyrologe romain : « *Pamiæ in Galliâ, sancti Anto- « nini martyris, cujus reliquiæ in ecclesiâ Palentinâ asservantur*. »

Ainsi est-il permis d'affirmer l'exactitude de la tradition d'après laquelle le saint patron de Pamiers est le même qui porta, à la fin du Ve siècle, le flambeau de la vraie foi sur les bords de l'Aveyron, dans les montagnes du Rouergue.

C'est ce que nous voulions simplement rappeler dans cette dernière partie, laissant à de plus autorisés et à de plus riches en documents, le soin de raconter d'une manière complète la vie de saint Antonin.

www.ingramcontent.com/pod-product-compliance
Lightning Source LLC
LaVergne TN
LVHW052039160826
845678LV00003B/1430

* 9 7 8 2 3 2 9 6 3 1 8 4 4 *